ANTONIO CARLOS GARCIA

A história de Eva

Batatais
Edição do autor
2023

A história de Eva

Edição atualizada em Agosto /2023

Editor:	Antonio Carlos Garcia
Revisão:	Antonio Carlos Garcia
Capa:	Antonio Carlos Garcia
Título original da obra:	A história de Eva

ISBN: 978-65-266-0807-4

[história de Eva], [por Antonio Carlos Garcia]

Dados Internacionais de Catalogação na Publicação (CIP)

Garcia, Antonio Carlos.

G216   A história de Eva / Antonio Carlos Garcia. – Batatais, SP : [s.n.], 2023.

27 p. ; 21 cm.

Inclui bibliografia.
ISBN 978-65-266-0807-4

1.   Cuidados aos animais. 2. Literatura infantil. I. Título.

0823-23   CDD 028.5

**Ficha catalográfica elaborada por
Débora Soares Vicente de Santana – Bibliotecária CRB-9/1914**

Índice para catálogo sistemático:
1.   Literatura infantil   028.5

Dedico este livro,

Aos meus pais (in memoriam), pela orientação e formação.

À minha esposa Maria Teresa e aos meus filhos, Daniel e Juliana, razão da minha luta.

Ao leitor

Com muito carinho e orgulho, apresentamos aqui a primeira versão deste trabalho. Espero que seja de grande valia aos estudantes, e o público em geral na reflexão e de nossa consciência em relação à proteção dos animais e do meio ambiente.

Sobre o autor:

Antônio Carlos Garcia, casado e pai de dois filhos, licenciado em Matemática (Licenciatura Plena) pela Faculdade de Filosofia, Ciências e Letras "Barão de Mauá", em Ribeirão Preto, SP.

Atividades Profissionais Docentes

Professor efetivo de matemática desde 1983 na rede Estadual de ensino de S. Paulo. Atualmente professor aposentado na EE "Dr. Washington Luis", em Batatais, SP. Professor da ETEC "Antônio de Pádua Cardoso" do Centro Paula Souza, na mesma cidade.

Foi Professor de Física e Desenho Geométrico na Escola "Ateneu Barão de Mauá", em Ribeirão Preto, SP, em 1977.

Participou de dois mandatos na Diretoria da Apeoesp - Sindicato dos professores do Estado de S. Paulo, de 1989 a 1990 e 1999 a 2001.

Outras Atividades:

Foi eleito vereador, exercendo o mandato de 2000 a 2004 em Batatais, SP. Nesta experiência política, muito contribuiu para educação e área social do meu município.

SUMÁRIO

Capítulo 1: Introdução

1.1   Sobre a cachorrinha Eva

Bem-vindos ao primeiro capítulo deste emocionante e encantador livro infantil, que conta a história da adorável cachorrinha Eva. Neste capítulo introdutório, vamos conhecer um pouco mais sobre essa personagem tão especial. Eva é uma cachorrinha da raça Basset,  com pelagem macia e olhos brilhantes. Ela possui uma personalidade doce e amorosa, sempre pronta para espalhar alegria por onde passa. Seu pelo é marrom claro, com manchas brancas nas patinhas e no peito, o que a torna ainda mais encantadora. Desde filhote, Eva foi criada em um lar cheio de amor e carinho. Seus donos são uma família muito unida, composta por pai, mãe e um casal de irmãos. Todos eles amam animais e sempre tiveram pets em casa. Eva foi o presente perfeito para completar essa família feliz.

1.2   Objetivo da história

O objetivo desta história é transmitir valores importantes às crianças através das aventuras vividas pela cachorrinha Eva. Queremos ensinar sobre amizade, respeito aos animais, responsabilidade e cuidado com o meio ambiente. Ao longo dos capítulos seguintes, as crianças poderão se identificar com as situações enfrentadas por Eva e aprenderão valiosas lições sobre como lidar com desafios do dia a dia. Através das experiências da nossa protagonista canina, esperamos despertar nos pequenos leitores o amor pelos animais e pela natureza.

1.3 Importância do tema

O tema abordado nesta história é de extrema importância nos dias atuais. Vivemos em um mundo cada vez mais conectado, mas também cada vez mais distante da natureza e dos animais. É fundamental que as crianças compreendam desde cedo a importância de cuidar do meio ambiente e respeitar todas as formas de vida.

Além disso, o convívio com animais traz inúmeros benefícios para o desenvolvimento infantil. Estudos mostram que crianças que crescem com pets em casa tendem a ser mais empáticas, responsáveis e sociáveis. Portanto, ao ensinar sobre o amor pelos animais, estamos contribuindo para a formação de indivíduos melhores e mais conscientes.

Sugestões de leitura: AMICUS, o Meu Cão, de Maria Teresa Maia Gonzalez. Espero que vocês tenham gostado desse primeiro capítulo!

Nos próximos capítulo, acompanharemos a aventuras emocionantes vividas por Eva e seus amigos fiquem ligados para descobrir o desfecho dessa história encantadora!

Capítulo 2

2.1 origem da cachorrinha

No capítulo anterior conhecemos a história de como a família decidiu adotar uma cachorrinha para fazer parte do lar agora vamos nos aprofundar na origem desta pequena encantadora criatura chamada Eva.

Eva foi doada à Juliana assim que nasceu com apenas um mês e meio de vida veio para nossa casa.

Desde o momento em que nasceu, Eva já mostrava sua personalidade única. Ela era curiosa e brincalhona, sempre explorando seu pequeno mundo com muita energia e entusiasmo. Sua irmã, de nome Tina, também era adorável, mas havia algo especial em Eva que chamava a atenção das pessoas que visitavam nossa casa. Um dia, enquanto brincava no pátio do abrigo, as crianças ficaram encantados com a energia contagiante daquela pequena cachorrinha e que ela seria perfeita para eles.

2.2 Primeiros dias em casa

Quando Eva chegou à sua nova casa, tudo era novidade para ela. Ela explorava cada cantinho com seus olhos curiosos e farejava todos os cheiros desconhecidos que invadiam suas narinas. A família estava ansiosa para apresentar seu novo membro a todos os cantos da casa e mostrar a ela onde seria seu cantinho especial.

Eva logo descobriu seu novo espaço, um cesto macio com uma manta quentinha, onde poderia descansar e se sentir segura. Ela adorava brincar com seus novos brinquedos, especialmente uma bolinha colorida que fazia barulho quando era chacoalhada. A família estava encantada com a animação de Eva e não conseguia resistir aos seus olhinhos brilhantes e sua cauda abanando freneticamente.

2.3 Adaptação ao novo lar

Nos primeiros dias em casa, Eva precisou se adaptar à rotina da família. Ela aprendeu rapidamente que tinha horários para comer, passear e dormir. A família também ensinou a ela alguns comandos básicos, como sentar e dar a pata. Eva era muito inteligente e logo começou a entender o que era esperado dela. Além disso, Eva também conheceu outros membros da família: os gatos! No início, eles ficaram desconfiados da nova moradora, mas aos poucos foram se acostumando com sua presença. Agora, eles até brincavam juntos às vezes! A adaptação de Eva ao novo lar foi um processo gradual, mas cheio de amor e paciência por parte da família. Eles sabiam que cada cachorrinho tem seu próprio tempo para se sentir completamente seguro em um ambiente desconhecido.

Neste capítulo, conhecemos a origem de Eva e como ela se adaptou aos primeiros dias em sua nova casa. Acompanhamos sua curiosidade e energia contagiante, assim como a paciência e amor da família que a adotou. No próximo capítulo, veremos as aventuras de Eva em seu novo lar e como ela conquistará o coração de todos ao seu redor.

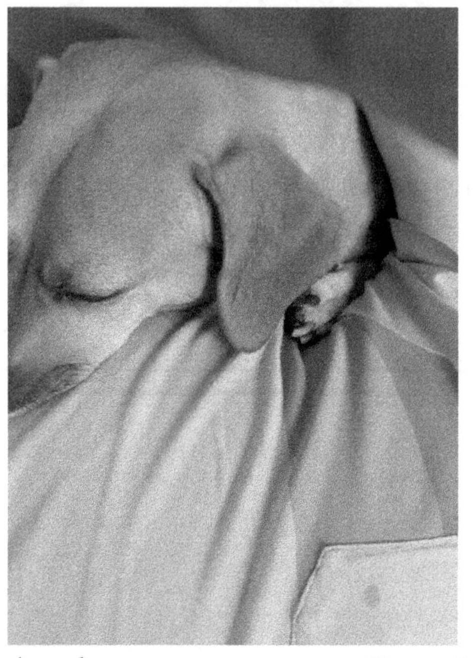

Capítulo 3: As aventuras de Eva
3.1 Brincadeiras no parque.

Eva estava animada para mais um dia de diversão e aventura. Ela sabia que hoje seria um dia especial, pois sua dona a levaria para brincar no parque. O sol brilhava no céu azul, e o ar estava fresco e convidativo. Ao chegarem ao parque, Eva não conseguia conter sua empolgação. Seus olhos brilhavam enquanto ela corria pela grama verde, sentindo a textura macia sob suas patinhas. Ela avistou outras crianças e seus cãezinhos brincando felizes, e logo se juntou a eles. As brincadeiras começaram com uma partida de busca ao tesouro. Eva adorava procurar objetos escondidos e usar seu faro aguçado para encontrá-los. Com seu focinho apontado para o chão, ela farejava cada cantinho do parque em busca das pistas deixadas pelos organizadores. Enquanto explorava o parque em busca dos tesouros escondidos, Eva conheceu outros cãezinhos simpáticos. Eles corriam juntos, pulavam obstáculos e latiam de alegria. Era uma verdadeira festa canina! Depois da busca ao tesouro, as crianças decidiram jogar frisbee com seus cães. Eva adorava saltar no ar para pegar o disco voador lançado por sua dona. Ela era ágil e rápida, sempre conseguindo alcançar o frisbee antes que ele caísse no chão. Enquanto brincava, Eva percebeu que havia um cãozinho tímido e solitário observando de longe. Ela se aproximou com cuidado e começou a latir amigavelmente, convidando-o para se juntar à diversão. O cãozinho ficou um pouco receoso no início, mas logo se animou e começou a correr e pular junto com Eva. As horas voaram enquanto Eva brincava no parque. Ela estava cansada, mas feliz. Seu pelo estava sujo de grama e terra, mas isso não importava. O importante era ter aproveitado cada momento daquela tarde maravilhosa.

3.2 Amigos de quatro patas.

Eva adorava fazer novos amigos, especialmente aqueles que tinham quatro patas como ela. Ela sabia que os animais também podiam ser grandes companheiros e que poderiam compartilhar momentos especiais juntos. Um dia, enquanto passeava pela rua com sua dona, Eva avistou um gatinho preto sentado em cima de um muro. Seus olhos verdes brilhavam curiosamente enquanto ele observava o mundo ao seu redor. Eva se aproximou devagar, abanando o rabo para mostrar que não representava nenhum perigo. O gatinho olhou para ela desconfiado, mas não correu. Ele parecia intrigado com a cachorrinha corajosa que se aproximara dele. Com cuidado, Eva estendeu uma pata para cumprimentar o gatinho. Ele cheirou sua pata e depois esfregou seu corpo macio contra as pernas dela. Era uma forma de dizer "olá" e mostrar que estava disposto a fazer amizade. A partir daquele dia, Eva e o gatinho preto se tornaram grandes amigos. Eles brincavam juntos no quintal, perseguindo borboletas e caçando insetos. Eva adorava correr atrás do gatinho, enquanto ele pulava de um lugar para outro com agilidade felina. Eva também descobriu que os animais podiam se comunicar de diferentes maneiras. Ela aprendeu a interpretar os miados do tinho e a entender quando ele queria brincar ou quando estava com fome. Da mesma forma, o gatinho parecia entender os latidos de Eva e respondia de acordo. Juntos, Eva e o gatinho exploraram o mundo ao seu redor. Eles subiram em árvores, rolaram na grama e até mesmo nadaram em um lago próximo. A amizade entre eles era verdadeira e duradoura.

3.3 Descobertas no quintal

O quintal de Eva era um verdadeiro tesouro cheio de descobertas esperando para serem feitas. Cada canto escondia uma surpresa especial, desde flores coloridas até pequenos animais que viviam sob a terra. Um dia, enquanto cavava um buraco no jardim, Eva encontrou uma minhoca enrugada. Ela ficou fascinada com aquele pequeno ser que rastejava pela terra úmida. Com cuidado, ela pegou a minhoca com sua boca delicada e a levou para sua dona. Sua dona sorriu ao ver a minhoca nas patinhas de Eva. Ela explicou que as minhocas eram muito importantes para o solo, pois ajudavam a deixá-lo mais fértil. Eva ficou encantada com aquela informação e decidiu que protegeria as minhocas em seu quintal. A partir daquele dia, Eva passou a observar atentamente cada movimento das minhocas no jardim. Ela aprendeu que elas se alimentavam de restos de plantas e deixavam pequenos montinhos de terra por onde passavam. Era como se elas estivessem construindo um labirinto subterrâneo. Eva também descobriu outros animais fascinantes em seu quintal. Ela encontrou joaninhas coloridas, besouros brilhantes e até mesmo uma família de esquilos que vivia em uma árvore próxima. Cada encontro era uma nova aventura, cheia de curiosidade e aprendizado.

Ao explorar o quintal, Eva percebeu que a natureza era cheia de segredos esperando para serem desvendados. Ela aprendeu sobre os diferentes tipos de plantas e flores, sobre os insetos que viviam nelas e sobre como tudo estava interligado. As descobertas no quintal de Eva eram infinitas. Cada dia trazia algo novo para ela aprender e explorar. E ela sabia que sempre haveria mais surpresas esperando por ela no mundo ao seu redor.

Capítulo 4: Lições aprendidas com Eva

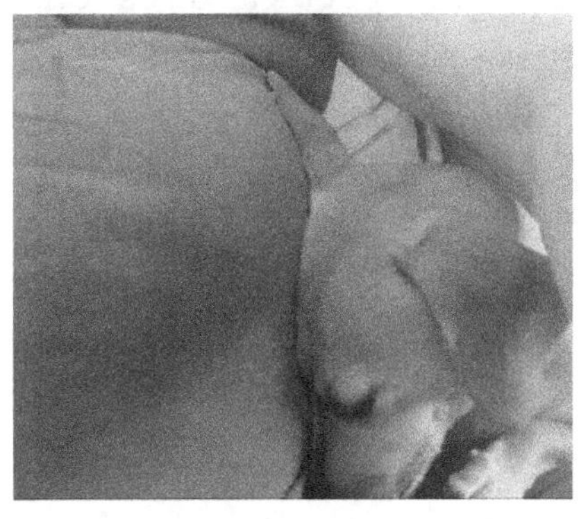

4.1 Responsabilidade e cuidados com animais de estimação.

Ao longo da história da cachorrinha Eva, uma das lições mais importantes que podemos aprender é a responsabilidade e os cuidados necessários ao adotar um animal de estimação. Quando decidimos trazer um bichinho para nossa casa, assumimos a responsabilidade de cuidar dele em todos os aspectos, desde sua alimentação até seu bem-estar emocional. Eva nos ensina que ter um animal de estimação não é apenas brincar e se divertir, mas também garantir que ele esteja saudável e feliz. Isso significa levar o pet ao veterinário regularmente, vaciná-lo adequadamente e fornecer uma dieta balanceada. Além disso, é importante dedicar tempo para brincar e exercitar o animal, pois isso contribui para sua saúde física e mental. A responsabilidade também envolve cuidar do ambiente em que o animal vive. Devemos garantir que ele tenha um espaço limpo e seguro, com acesso a água fresca e abrigo adequado. Eva nos mostra como é importante manter a higiene do local onde ela dorme e brinca, evitando assim doenças e desconforto. Para aqueles que desejam adotar um animal de estimação, é essencial entender as necessidades específicas da espécie escolhida. Cada animal tem suas próprias características e requerimentos especiais. Por exemplo, cães precisam ser levados para passear diariamente, enquanto gatos são mais independentes mas ainda precisam de atenção e carinho. Sugestões de leitura adicional: - "Guia completo de cuidados com animais de estimação" por John Smith - "Como criar um animal" de estimação feliz e saudável" por Laura Johnson

4.2 Empatia e respeito pelos animais

Outra lição valiosa que Eva nos ensina é a importância da empatia e do respeito pelos animais. Ela nos mostra que os animais têm sentimentos, necessidades e desejos, assim como nós. Eles merecem ser tratados com gentileza e consideração. Eva nos mostra como é importante entender as emoções dos animais e agir de forma adequada. Por exemplo, quando ela está com medo ou triste, precisamos acolhê-la e confortá-la, mostrando que estamos ali para protegê-la. Da mesma forma, quando ela está feliz e brincalhona, devemos participar de suas brincadeiras e retribuir seu amor. Além disso, Eva nos ensina a importância de respeitar os limites dos animais. Assim como nós temos nossas preferências e espaços pessoais, os animais também têm suas próprias vontades. Devemos aprender a reconhecer quando eles não querem ser tocados ou quando estão cansados demais para brincar. Ao desenvolver empatia pelos animais, também aprendemos a valorizar sua vida e bem-estar. Eva nos mostra que todos os seres vivos merecem ser tratados com dignidade e respeito. Isso inclui evitar qualquer forma de violência ou crueldade contra os animais.

4.3 A importância do amor incondicional

Uma das lições mais poderosas que Eva nos ensina é a importância do amor incondicional. Ela nos mostra que, independentemente de nossos erros ou falhas, nossos animais de estimação sempre estarão ao nosso lado, prontos para nos amar e nos perdoar. Eva é um exemplo vivo de como os animais podem ser leais e afetuosos. Ela está sempre disposta a dar carinho e receber carinho em troca. Seu amor incondicional nos ensina a importância de valorizar e cuidar dos relacionamentos que temos com nossos animais. Além disso, Eva também nos mostra como o amor pelos animais pode trazer benefícios para nossa própria saúde e bem-estar. Estudos têm mostrado que ter um animal de estimação pode reduzir o estresse, melhorar o humor e até mesmo diminuir a pressão arterial. O amor que recebemos dos animais é capaz de preencher nossas vidas com alegria e felicidade. Conclusão: No capítulo 4 do livro infantil "História da cachorrinha Eva", aprendemos importantes lições sobre responsabilidade e cuidados com animais de estimação, empatia e respeito pelos animais, além da importância do amor incondicional. Eva nos ensina que ter um animal de estimação é uma grande responsabilidade, que requer cuidados físicos e emocionais. Ela também nos mostra a importância de tratar os animais com gentileza e respeito, reconhecendo suas emoções e limites. Por fim, Eva nos ensina o poder transformador do amor incondicional que recebemos dos animais.

Capítulo 5: Desafios enfrentados por Eva

5.1 Superando o medo de fogos de artifício

Eva, a corajosa cachorrinha, tinha um medo terrível de fogos de artifício. Toda vez que ouvia os estrondos e via as luzes brilhantes no céu, seu coração disparava e ela se escondia debaixo da cama, tremendo de medo. Seus donos, preocupados com o bem-estar dela, decidiram ajudá-la a superar esse medo. Eles começaram devagar, expondo Eva a sons suaves de fogos de artifício gravados em um CD. No início, ela ficava apreensiva e assustada, mas seus donos estavam sempre ao seu lado para confortá-la e mostrar que não havia motivo para temer. Com o tempo, Eva foi se acostumando aos sons e percebeu que eles não representavam uma ameaça real. Em seguida, seus donos levaram-na para assistir a um pequeno show de fogos de artifício à distância. Eles escolheram um local tranquilo onde Eva pudesse sentir-se segura. A princípio, ela estava nervosa e inquieta, mas seus donos novamente estavam lá para tranquilizá-la e mostrar-lhe que estava tudo bem. Com o passar do tempo e exposição gradual aos fogos de artifício, Eva começou a associar esses sons com momentos divertidos em família. Seus donos faziam questão de recompensá-la com petiscos saborosos toda vez que ela demonstrava coragem diante dos fogos. Finalmente, chegou o grande dia: a festa de Ano Novo. Eva estava um pouco ansiosa, mas confiante de que conseguiria enfrentar os fogos de artifício. Seus donos estavam ao seu lado, prontos para apoiá-la. Quando os primeiros fogos começaram a explodir no céu, Eva sentiu um leve tremor em suas patinhas, mas ela permaneceu firme e não se escondeu. Eva havia superado seu medo de fogos de artifício! Ela estava orgulhosa de si mesma e seus donos também estavam radiantes com sua coragem. Agora, ela podia aproveitar as festas sem medo e desfrutar dos momentos especiais ao lado de sua família. Sugestões de leitura adicional: - "Como ajudar seu cão a superar o medo de fogos de artifício" por especialistas em comportamento animal - "Histórias inspiradoras sobre animais que superaram seus medos" por escritores renomados

5.2 Lidando com a separação dos donos

Eva era uma cachorrinha muito apegada aos seus donos. Ela adorava passar tempo com eles e ficava triste quando tinham que sair sem ela. A separação era sempre difícil para Eva, mas seus donos estavam determinados a ajudá-la a lidar com essa situação. Eles começaram treinando-a gradualmente para períodos curtos de ausência. Primeiro, saíam por apenas alguns minutos e voltavam logo em seguida. Durante esse tempo, deixavam brinquedos e petiscos divertidos para distraí-la e tornar a experiência mais agradável. À medida que Eva se acostumava com essas pequenas separações, seus donos aumentavam gradualmente o tempo de ausência. Eles também começaram a deixá-la sozinha em casa por períodos mais longos, mas sempre garantindo que ela tivesse tudo o que precisava para se sentir confortável e segura. Além disso, seus donos criaram uma rotina consistente para Eva. Ela sabia exatamente quando eles saíam e quando voltavam, o que ajudava a diminuir sua ansiedade. Também faziam questão de passar tempo de qualidade com ela quando estavam em casa, para que ela se sentisse amada e valorizada.

explodir no céu, Eva sentiu um leve tremor em suas patinhas, mas ela permaneceu firme e não se escondeu. Eva havia superado seu medo de fogos de artifício! Ela estava orgulhosa de si mesma e seus donos também estavam radiantes com sua coragem. Agora, ela podia aproveitar as festas sem medo e desfrutar dos momentos especiais ao lado de sua família. Sugestões de leitura adicional: - "Como ajudar seu cão a superar o medo de fogos de artifício" por especialistas em comportamento animal - "Histórias inspiradoras sobre animais que superaram seus medos" por escritores renomados 5.2 Lidando com a separação dos donos Eva era uma cachorrinha muito apegada aos seus donos. Ela adorava passar tempo com eles e ficava triste quando tinham que sair sem ela. A separação era sempre difícil para Eva, mas seus donos estavam determinados a ajudá-la a lidar com essa situação. Eles começaram treinando-a gradualmente para períodos curtos de ausência. Primeiro, saíam por apenas alguns minutos e voltavam logo em seguida. Durante esse tempo, deixavam brinquedos e petiscos divertidos para distraí-la e tornar a experiência mais agradável. À medida que Eva se acostumava com essas pequenas separações, seus donos aumentavam gradualmente o tempo de ausência. Eles também começaram a deixá-la sozinha em casa por períodos mais longos, mas sempre garantindo que ela tivesse tudo o que precisava para se sentir confortável e segura. Além disso, seus donos criaram uma rotina consistente para Eva. Ela sabia exatamente quando eles saíam e quando voltavam, o que ajudava a diminuir sua ansiedade. Também faziam questão de passar tempo de qualidade com ela quando estavam em casa, para que ela se sentisse amada e valorizada.

Com paciência e persistência, Eva foi aprendendo a lidar melhor com a separação dos seus donos. Ela percebeu que eles sempre voltavam e que não havia motivo para se preocupar. A confiança entre eles cresceu cada vez mais, tornando as despedidas menos dolorosas. Sugestões de leitura adicional: - "Como ajudar seu cão a lidar com a separação" por especialistas em comportamento animal

"Histórias emocionantes sobre animais que superaram a ansiedade de separação" por escritores renomados

5.3 Enfrentando problemas de saúde

Infelizmente, Eva enfrentou alguns problemas de saúde ao longo da sua vida. Seus donos ficaram muito preocupados quando perceberam que ela estava perdendo peso rapidamente e parecia estar sempre cansada. Eles levaram-na ao veterinário, onde descobriram que Eva tinha uma doença crônica. O veterinário explicou aos donos de Eva que ela precisaria de cuidados especiais e medicação regular para controlar sua condição. Isso significava que eles teriam que administrar medicamentos diariamente, além de levar Eva para consultas regulares. No início, Eva não gostava muito de tomar remédios. Ela fazia caretas e tentava fugir quando via seus donos se aproximando com a seringa. Mas seus donos eram persistentes e sempre encontravam maneiras criativas de tornar o processo mais fácil para ela. Eles começaram a misturar os medicamentos com alimentos saborosos, como carne ou queijo, para disfarçar o gosto amargo. Também elogiavam e recompensavam Eva toda vez que ela tomava seu remédio sem resistência. Com o tempo, ela foi se acostumando e até mesmo associando a medicação a algo positivo.

O veterinário explicou aos donos de Eva que ela precisaria de cuidados especiais e medicação regular para controlar sua condição. Isso significava que eles teriam que administrar medicamentos diariamente, além de levar Eva para consultas regulares.

No início, Eva não gostava muito de tomar remédios. Ela fazia caretas e tentava fugir quando via seus donos se aproximando com a seringa. Mas seus donos eram persistentes e sempre encontravam maneiras criativas de tornar o processo mais fácil para ela.

Eles começaram a misturar os medicamentos com alimentos saborosos, como carne ou queijo, para disfarçar o gosto amargo. Também elogiavam e recompensavam Eva toda vez que ela tomava seu remédio sem resistência. Com o tempo, ela foi se acostumando e até mesmo associando a medicação a algo positivo.

Capítulo 6: O legado de Eva

6.1 Ensinar sobre adoção responsável

No sexto capítulo desta emocionante história, vamos abordar um tema muito importante: a adoção responsável. Através da jornada de Eva, uma cachorrinha corajosa e cheia de amor para dar, queremos ensinar às crianças a importância de cuidar dos animais de estimação com responsabilidade.

A adoção responsável é um compromisso que assumimos quando decidimos trazer um animal para nossa família. É preciso entender que os animais têm necessidades específicas e requerem cuidados diários. Eles precisam de alimentação adequada, exercícios físicos, carinho e atenção.

Ao longo da história de Eva, mostraremos como sua nova família se esforça para proporcionar tudo o que ela precisa. Desde a escolha do alimento correto até os passeios diários no parque, cada detalhe é pensado com amor e dedicação.

Além disso, também abordaremos a importância da esterilização e castração dos animais. Esses procedimentos são fundamentais para controlar a população animal e evitar o abandono. Explicaremos às crianças como eles podem ajudar nessa causa, conscientizando seus pais sobre a importância dessas práticas.

Sugestões de leitura adicional: - "Adoção Responsável: Cuidando do seu Animal de Estimação" - Autor desconhecido.

No segundo tópico deste capítulo, vamos abordar um assunto delicado, porém extremamente importante: os maus-tratos aos animais. Infelizmente, muitos animais sofrem abusos e crueldade nas mãos de seres humanos.

É fundamental ensinar às crianças que os animais merecem respeito e proteção. Vamos explicar o que são maus-tratos e como identificá-los, para que elas possam denunciar casos de crueldade animal.

Também abordaremos a importância da adoção em vez da compra de animais. Existem milhares de cães e gatos abandonados à espera de um lar amoroso. Ao adotar um animal, estamos dando a ele uma segunda chance na vida.

Essa história de superação e amor pelos animais pode servir como exemplo para as crianças. Queremos mostrar que, mesmo diante das adversidades, é possível encontrar alegria e felicidade ao lado dos nossos animais de estimação.

Além disso, também incentivaremos as crianças a compartilharem suas próprias histórias de amor pelos animais. Queremos ouvir sobre os momentos especiais que elas viveram com seus pets e como eles transformaram suas vidas para melhor.

Com este capítulo, encerramos a jornada emocionante de Eva. Esperamos ter inspirado as crianças a cuidarem dos animais com responsabilidade, a combaterem os maus-tratos e a valorizarem o amor incondicional que os nossos amigos peludos nos oferecem.

Agora é hora de colocar em prática tudo o que aprendemos ao longo desta história. Vamos fazer do mundo um lugar melhor para os animais, mostrando-lhes o respeito e o carinho que eles merecem.

[história de Eva], [por Antonio Carlos Garcia]

[32]

Lista de livros publicados pelo Prof.Garcia
1. Tópicos de atemática financeira: matemática financeira

2. Tópicos de estatística básica: estatística
3. Cálculo financeiro: matemática aplicada à administração
4. Como estudar matemática: estudar matemática: guia prático
5. Jaguaretê
6. Geometria espacial: nova abordagem
7. Funções periódicas
8. Sequências, PA.PG - Funções exponencial e logarítmica
9. Matrizes determinante combinatória e números complexos
10. Livro de crônicas 1
11. Funções Reais
12. Geometria Analítica: resolvendo problemas
13. Fundamentos da matemática Financeira
14. Cálculos Financeiros e Estatísticos
15. Cálculos Estatísticos
16. Estatística para o Ensino Técnico integrado ao Médio
17. Resumão: matemática ensino médio
18. Matemáticos Famosos
19. Jaguaretê, <u>the city of "colonels"</u>
20. Geometria Plana
21. Livro de crônicas 2
22. Como será nosso futuro
23. Ensinando Matemática na pandemia
24. Resistência: quebrando barreira
25. Correntes políticas

26.Resumão matemática ensino médio para concurs
27.Correntes Políticas
28.A vida como ela é
29.Paixões ardentes
30.A história de Eva
Todos os livros podem ser adquiridos pelos sites:
Livros e e-books:
https://agbook.com.br/books/search?what=Antonio+carlos+garcia&sort=&commit=BUSCA
Livros impressos:
https://bio.uiclap.com/profgarcia

[história de Eva], [por Antonio Carlos Garcia]

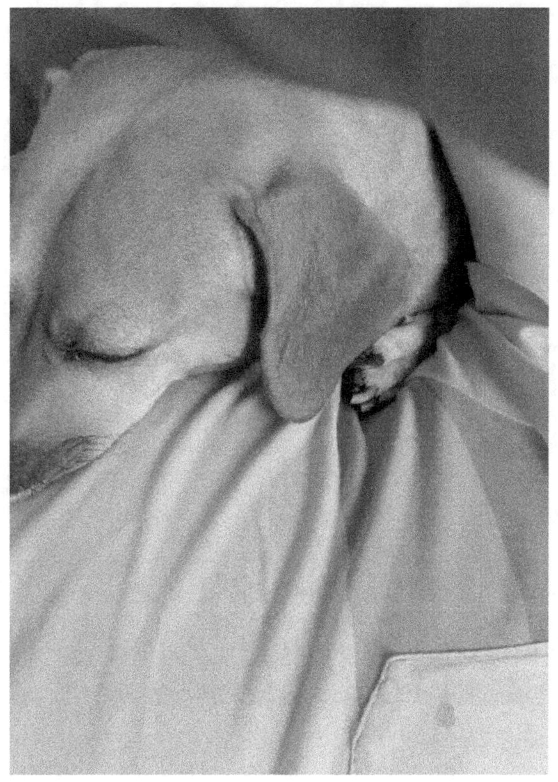

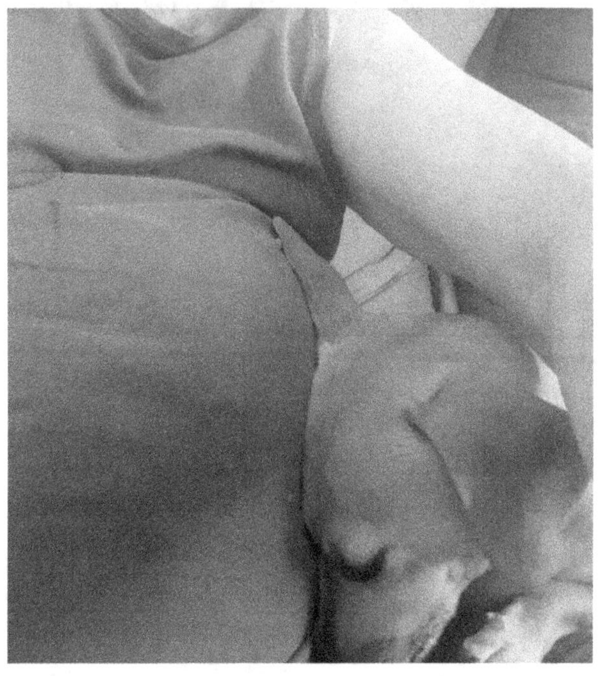

www.ingramcontent.com/pod-product-compliance
Lightning Source LLC
LaVergne TN
LVHW010301200726
843506LV00014B/3339